Mystère sur le Vieux-Port

Pascale Paoli

ANÇAIS LANGUE ÉTRANGÈRE

Couverture : Nicolas Piroux

Maquette intérieure : Amarante

Illustrations : Nikita

Mise en pages : Médiamax

Secrétariat d'édition : Anne Andrault

Rédaction du dossier pédagogique : Pascale Trévisiol – Pascale Paoli

Réalisation sonore : Malek Duchesne / LBP Studio

Comédien voix : Stéphane Ronchewski

Pour Hachette Éducation, le principe est d'utiliser des papiers composés de fibres naturelles, renouvelables, recyclables, fabriqués à partir de bois issus de forêts qui adoptent un système d'aménagement durable. En outre, Hachette Éducation attend de ses fournisseurs de papier qu'ils s'inscrivent dans une démarche de certification environnementale reconnue.

ISBN : 978-2-01-155738-4
© HACHETTE LIVRE 2010, 58 rue Jean-Bleuzen, 92178 VANVES CEDEX, France.

Sommaire

Prologue

Vendredi matin

Mathias aime Marseille, ville soleil. C'est un jeune artiste argentin de 22 ans. Il fait des photos de différents endroits de la ville et travaille à des heures différentes de la journée, pour varier la lumière. Ensuite, il crée des tableaux à partir de ses photos.

Il habite la ville depuis trois ans et il la connaît bien. Marseille, deuxième ville de France, a 2 600 ans d'histoire. On l'appelle aussi la Cité phocéenne. C'est un port d'accueil et d'immigration au bord de la mer Méditerranée. La ville est fière de sa diversité et les Marseillais sont fiers d'être marseillais.

Très tôt ce matin-là, Mathias roule en scooter rue Grignan. Il s'arrête devant le musée Cantini et fait quelques photos. C'est un très bel hôtel particulier construit en 1694 et transformé en musée en 1916. À cette heure matinale, il fait encore sombre, le musée est fermé. Il ouvre de 10 heures à 18 heures. Tout est calme… quand, soudain, Mathias voit deux hommes sortir par une petite porte du musée. Ils sont habillés en noir et portent des lunettes de soleil. Ils transportent un objet caché sous du papier journal. Très bizarre ! Mathias, intrigué[1], les photographie avec son téléphone portable. Les hommes montent dans une voiture. Mathias prend une dernière photo. Un des hommes le voit ! Il sort de la voiture et se dirige vers lui. Mathias démarre son scooter et s'enfuit, mais la voiture le suit. Mathias prend peur. Il accélère. Heureusement, les rues sont vides. Il tourne sur le Cours Lieutaud, traverse la Canebière, roule vers la gare Saint-Charles. Le soleil apparaît enfin.

---

1 Intrigué : rendu curieux par un fait étrange ou surprenant.

CHAPITRE 1

LE TÉLÉPHONE

L ola monte les marches de la gare Saint-Charles. La gare Saint-Charles est la principale gare de Marseille. Du haut de son escalier aux cent trois marches, la vue sur la ville est admirable. Lola se retourne pour la contempler[1]. La journée est froide. Le soleil se lève, magnifique. Le mistral[2] chasse les nuages. En face de Lola, au sommet d'un clocher de 41 mètres, la statue dorée d'une Vierge à l'enfant domine la ville. C'est la basilique Notre-Dame-de-la-Garde ; les Marseillais l'appellent « la Bonne Mère ». Elle protège la ville. À ce moment-là, un téléphone portable tombe aux pieds de Lola. Elle le ramasse, lève les yeux et remarque un jeune homme. Il l'observe. Elle lui tend l'appareil. D'un signe de tête, le jeune homme refuse le téléphone et lui demande de le mettre dans son sac. Elle hésite. Soudain, deux hommes avec des lunettes de soleil attrapent le jeune homme par les bras. Ils le forcent à les suivre. Le jeune homme a juste le temps d'adresser un sourire rapide à Lola. Elle met discrètement le téléphone dans son sac et continue son chemin. Elle traverse la gare SNCF pour rejoindre la gare routière. Plusieurs cars sont garés.

« Aix-en-Provence, direct par l'autoroute. »

Pendant le trajet, Lola se pose beaucoup de questions. Est-ce que le téléphone appartient au jeune homme ? Qui sont les deux hommes ? Des policiers ? Elle ne croit pas. Elle sort le téléphone de son sac, l'observe. Il est éteint, elle l'allume. « Composez le code pin » s'affiche à l'écran. Lola l'éteint.

---

1 Contempler : regarder, admirer.
2 Le mistral : vent violent de nord-ouest à nord, frais ou froid. Il souffle dans la vallée du Rhône et sur la Méditerranée.

Une heure plus tard, elle arrive dans une maison d'Aix-en-Provence. Elle garde des enfants pour payer ses études. Le matin, elle accompagne les deux petits à l'école, puis elle va à l'université. Le grand de 14 ans va seul au collège. Pendant la journée, Lola oublie le téléphone trouvé. En fin d'après-midi, elle ramène les enfants chez eux. Jeanne et Luc ont 5 et 8 ans. Elle leur prépare un goûter, puis elle rejoint leur grand frère, Théo, dans sa chambre. Théo est devant son ordinateur, avec un casque sur les oreilles. Lola lui tape doucement sur l'épaule. Théo la regarde et sourit. Il retire le casque.

— Un problème ? C'est les petits ? Ils t'énervent ?

— Non ! C'est juste… J'ai besoin d'aide.

Lola tend à Théo le téléphone ramassé à la gare Saint-Charles.

— Je viens de le trouver. Est-ce que tu peux m'aider à l'allumer ?

Théo attrape le téléphone et l'observe.

— C'est un modèle un peu vieux. Je vais essayer.

Lola sort de la chambre de Théo et retrouve Jeanne et Luc dans la cuisine. Ils ont fini leur goûter.

— Dis, Lola, je peux regarder des dessins animés ? demande la petite Jeanne.

— Moi, je veux jouer aux jeux vidéo ! dit Luc.

— Vous ne voulez pas faire une partie de cartes ? propose Lola.

Les deux enfants la regardent d'un air déçu.

— Non, moi aussi je veux jouer aux jeux vidéo ! dit Jeanne.

— OK, trouvez un jeu à faire tous les deux… répond Lola.

Les enfants se calment. Lola sort des documents de son sac. Ce sont des cartes du monde, car elle fait des études de géographie. Théo arrive à ce moment-là.

— Tiens, dit-il, j'ai réussi !

— Bravo ! dit Lola.

— Qu'est-ce que tu vas faire maintenant ?

Lola réfléchit.

— Je vais appeler le dernier correspondant. Mais pas tout de suite.

Théo est déçu, mais il n'insiste pas.

De retour dans son petit appartement de Marseille, Lola regarde le coucher du soleil. Elle a une très belle vue : à gauche, le fort Saint-Nicolas, à droite le fort Saint-Jean. En face, les îles du Frioul. Les quatre îles du Frioul sont Pomègues au sud, Ratonneau au nord, l'îlot Tiboulen à l'ouest et à l'est l'île du Château d'If, la plus célèbre. Dans son roman *Le Comte de Monte-Cristo*, Alexandre Dumas y enferme son héros Edmond Dantès. Ces îles sont un des cent onze quartiers de Marseille. Elles font partie du 7ᵉ arrondissement de la ville. Pour s'y rendre, des navettes partent du Vieux-Port. Lola aime aller se promener dans ces îles. Au bout de quelques minutes, elle sort de sa rêverie et attrape le téléphone trouvé. Elle veut en savoir plus ! Elle compose le numéro du dernier correspondant. Aussitôt, une voix d'homme répond :

– *¿Massías, cómo estás?*

Surprise par la langue espagnole, Lola raccroche… puis compose à nouveau le numéro. La même voix d'homme demande :

– Mathias ? Tout va bien ?

– Euh, bonjour, monsieur. Je m'appelle Lola. J'ai trouvé ce téléphone. Vous êtes le dernier correspondant du propriétaire…

– Vous avez trouvé le téléphone de Mathias ?… Où ? Quand ? Comment ?

Lola est gênée[3] par toutes ces questions. Elle résume :

– Ce matin, à la gare… Par terre, dans les escaliers.

– À la gare ? C'est étrange… Je dois vérifier quelque chose. Je vous rappelle demain à ce numéro, d'accord ? Je m'appelle Gélu, comme le poète ! dit l'homme en raccrochant.

Lola est énervée. Elle ne sait rien de plus ! Le soleil disparaît. Elle est intriguée, aussi : un jeune homme au prénom espagnol – *Massías* –, un homme au nom de poète… Elle connaît ce nom, Gélu, mais pourquoi ? Elle réfléchit et soudain se souvient : c'est le nom de la tête sculptée posée au milieu du carrefour, entre la Canebière et le quai du Vieux-Port ! Elle décide d'aller sur Internet s'informer sur le poète :

---

3 Gênée : embarrassée.

« André Jean Victor Gélu, plus connu sous le nom de Victor Gélu, poète marseillais. Il naît à Marseille le 12 septembre 1806. Le 2 avril 1885, il meurt chez son fils, peintre et architecte. En 1891, on lui construit une statue sur l'ex-place Neuve, rebaptisée place Victor-Gélu, sur le Vieux-Port. »

Cela ne répond pas aux questions de Lola. Pour penser à autre chose, elle prépare son dîner : du riz et du thon frais acheté au marché du Vieux-Port. Ce marché est une attraction touristique. Mais, en fin de matinée, c'est intéressant parce que les prix baissent. Après le dîner, Lola révise ses cours. Enfin, elle se couche, éteint la lumière, cherche le sommeil.

— Vivement demain !

Elle espère vraiment un coup de téléphone de ce monsieur Gélu. Avant de s'endormir, Lola revoit la statue du poète, le sourire du jeune homme de la gare et les deux hommes aux lunettes de soleil… le sourire du jeune homme…

CHAPITRE 2

PRISONNIER

Une grosse voiture est garée au bord de la route de Morgiou. Morgiou est l'une des calanques[1] de Marseille. Dans les calanques, l'eau de mer est très claire et très fraîche.

La voiture est celle des hommes en noir du musée Cantini. Dans le coffre[2], Mathias se réveille. Il a un bandeau[3] sur la bouche et les mains attachées dans le dos. Il se souvient des deux hommes et de la voiture devant le musée. De la course poursuite en scooter, des marches d'escalier de la gare, de son téléphone jeté à une jeune fille. Après, c'est un grand trou noir. Quelle heure est-il ? Depuis combien de temps est-il enfermé dans ce coffre ? La voiture est à l'arrêt. Où est-il ? Il se sent abandonné. Il commence à paniquer. Il s'agite pour essayer de se libérer. Avec ses jambes, il pousse sur la porte du coffre. Impossible. Il essaie de se contrôler. Ne pas avoir peur ! Paniquer n'arrange rien, c'est inutile. Il essaie de penser aux choses positives : il est vivant, donc ils ne veulent pas le tuer. Il n'est pas blessé. Il a un peu mal à la tête… C'est difficile de respirer seulement par le nez. Il peut contrôler ça ! Il est jeune, sportif, en bonne santé. Ça va aller. Il doit rester calme. Le temps passe lentement… Parfois, il dort un moment. Se reposer pour être en forme plus tard. Mais, à nouveau, il s'inquiète. Il est seul. Personne ne sait où il est, personne ne le cherche ! Sa respiration s'accélère. Il fait un effort. Il se calme. Il essaie de se rassurer : on ne laisse pas un homme mourir dans un coffre… Ces histoires-là, c'est dans les films, pas dans la réalité. Il a faim et soif.

---

1 Calanque : baie entourée de rochers, en Méditerranée.
2 Coffre : rangement à l'arrière des voitures.
3 Bandeau : morceau de tissu.

Enfin, le coffre s'ouvre. Mathias respire l'air vif et humide. Il fait noir. C'est la nuit. Il n'a pas le temps de regarder autour de lui : un homme lui met un bandeau sur les yeux. On le sort du coffre. Il essaie de se repérer. Il entend le bruit de la mer. « Où suis-je ? » se demande-t-il, étonné. On le pousse en avant. Il a mal aux jambes, c'est difficile de marcher. On l'aide. Il se sent tenu par deux hommes. Bientôt, il n'y a plus de route. On le guide sur un sentier[4] en pente. Soudain, Mathias sent de l'eau sous ses pieds. Il entend le bruit des vagues toutes proches. Les deux hommes l'aident à monter à bord d'un bateau. C'est un zodiac[5]. Le moteur démarre. Le bateau s'éloigne de la côte lentement. Mathias a peur, il s'agite. Un homme le tient fermement.

– Toi, tu ne bouges pas ! Tu as envie de nourrir les poissons ?

Mathias, paniqué, fait non de la tête. Il se tient tranquille. Mais son esprit tourne en boucle : « Qu'est-ce qu'ils vont faire de moi ? Ils veulent me jeter à l'eau ? Ou bien est-ce qu'ils me mentent[6] ? »

Le bateau accélère et prend un virage à droite. Le moteur ralentit puis s'arrête. Un homme libère les mains de Mathias. Il lui fait grimper une échelle. Le sol devient droit et stable, avec toujours le bruit de l'eau. On le pousse dans une pièce. On lui rattache les mains. Il entend qu'on ferme la porte à clé. Il compte ses pas. Il se cogne à un mur. Il repart dans l'autre sens. Un autre mur. Il continue et tombe sur quelque chose. Sûrement un fauteuil. Il s'assied et attend. Dehors, il entend les deux hommes parler doucement :

– Je ne trouve pas son téléphone !

Mathias revoit la jeune fille de la gare. Blonde, les cheveux courts, les yeux bleus… ou peut-être verts ? Il voudrait la retrouver.

– Alors, qu'est-ce qu'on va faire de lui ?

Inquiet, Mathias se lève et colle son oreille au mur.

– C'est le chef qui va décider.

– Justement, le chef va être en colère…

– C'est un risque !

---

4 Sentier : petit chemin.
5 Zodiac : petit bateau à moteur.
6 Mentir : ne pas dire la vérité.

— Un risque ? Tu parles, c'est certain !

— Écoute, tout se passe comme prévu : on apporte le tableau en temps voulu.

— Sans ce type[7], c'est parfait ! Avec, ça devient compliqué…

— On lui donne le tableau. On touche notre paye. Ce n'est pas compliqué.

— Oui, c'est sûr ! Mais je me demande…

— Quoi ? On n'est pas des assassins !

— Oui, mais… une petite disparition…

— Arrête, pas question. Tu parles d'une vie humaine.

— Calme-toi ! On peut le cacher loin d'ici et on n'en parle pas au chef…

Mathias entend un bruit de moteur.

— Trop tard !

Quelqu'un monte à bord. Mathias entend des pas légers puis, surpris, une voix de femme :

— Alors, vous avez le tableau ?

Les deux hommes répondent ensemble :

— Oui, madame !

Mathias entend des bruits de papier et un cri de joie.

— *Les Choristes* !

Immédiatement, Mathias se souvient du tableau de Degas estimé à huit cent mille euros. Le tableau est un prêt du musée d'Orsay de Paris pour une exposition temporaire au musée Cantini. Il représente un groupe de choristes de l'Opéra, en train de chanter sur scène. L'ensemble des couleurs est harmonieux : un mélange de gris et de couleurs chaudes – rouge, jaune, orange.

— C'est magnifique ! reprend la femme.

Puis elle dit sur un ton autoritaire :

— Vous faites une drôle de tête. Il y a un problème ?

Les deux hommes se taisent.

— Dites-moi !

---

7 Type (familier) : homme.

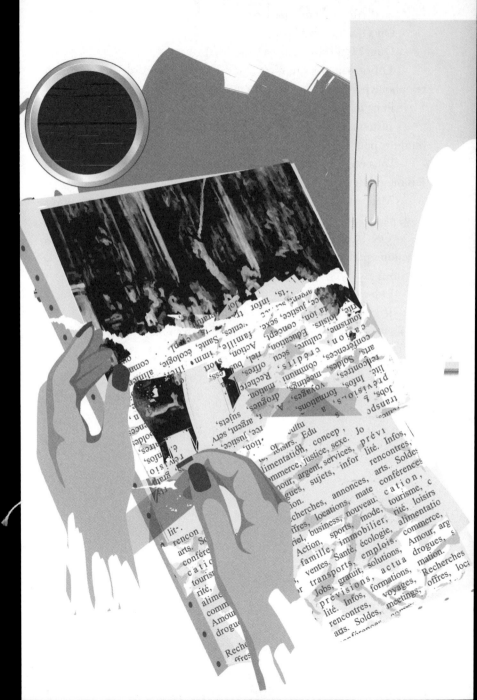

L'un d'eux ose[8] enfin parler :

— On a quelqu'un à bord...

— Quoi ? Qu'est-ce que ça veut dire ?

— On ne sait pas qui c'est. Mais il a des photos de nous sur son téléphone portable, à la sortie du musée...

— Et ce téléphone, il est où ?

— Justement, on ne sait pas... mais on pense qu'il faut garder cet homme, pour le surveiller.

— Vous êtes des idiots ! Je ne sais pas si je vais vous payer... dit la femme calmement.

— Mais, madame, ce n'est pas juste ! Le tableau est là. Vous devez nous payer !

— OK ! Voici l'argent. Maintenant, oubliez-moi. Je ne veux plus entendre parler de vous. Et essayez d'être plus intelligents avec la voiture !

— Et le prisonnier ?

— Je m'occupe de lui. Je ne vous fais plus confiance.

La voix est dure et menaçante. Mathias tremble de peur.

---

8 Oser : avoir le courage, l'audace de faire quelque chose.

CHAPITRE 3

SAMEDI

L ola se réveille à huit heures et demie. Aujourd'hui, c'est samedi, elle ne travaille pas. Elle se lève et prépare un café. Elle attrape le téléphone de Mathias, regarde la liste des derniers correspondants avant monsieur Gélu : « Famille Colard, Benjamin, Fred, Elsa… » Appeler une de ces personnes ? Non, il est trop tôt…

Sous la douche, Lola chante. Elle entend une sonnerie de téléphone mais ne la reconnaît pas. Elle met quelques secondes à comprendre : c'est la sonnerie du téléphone de Mathias ! Elle sort vite de la douche et décroche :

– Allô ?

– Lola ?

– Oui, c'est moi.

– Ici Gélu, André Gélu. Pardon, je vous appelle un peu tôt. Je suis inquiet : Mathias n'est pas chez lui et je ne sais pas où il peut être. J'aimerais bien vous rencontrer.

Lola se souvient du sourire de l'inconnu.

– D'accord ! Où et quand ?

– J'habite dans un immeuble du Vieux-Port. On peut se retrouver au café Marius, à côté de l'Hôtel-Dieu, dans le Panier.

Le Panier fait partie du quartier des Grands Carmes. C'est un très vieux quartier. Il existe depuis l'arrivée des Grecs en 600 av. J.-C. ; la ville s'appelle alors Massalia. Le quartier est fait de petites rues étroites[1] et de maisons colorées. Avec l'Hôtel de Ville et la Joliette, les Grands Carmes composent le 2e arrondissement. L'Hôtel-Dieu, un ancien hôpital marseillais, est en train d'être transformé en palace quatre étoiles.

---

1 Étroites : contraire de larges.

— Je connais bien le quartier, dit Lola.

— Comment peut-on se reconnaître ?

— J'ai les cheveux courts et blonds, les yeux verts et un blouson rouge.

— Moi, je suis un vieux monsieur de 80 ans avec des cheveux blancs. À dix heures ?

— D'accord ! À tout à l'heure.

Lola descend la Canebière. La Canebière est une célèbre avenue de Marseille qui descend vers le Vieux-Port. Lola prend à droite la rue de la République, puis à gauche la Grand' Rue. En face de l'Hôtel-Dieu, elle s'arrête devant le café Marius. Un homme élégant, aux cheveux longs et blancs, est assis à une table en terrasse. Il lui fait signe. Lola s'approche. Il se lève pour l'accueillir.

— André Gélu, enchanté de vous rencontrer, mademoiselle ! dit-il en lui tendant la main.

Lola le trouve tout de suite sympathique. Elle serre la main tendue.

— Bonjour, monsieur. Lola Minier, enchantée !

— Vous pouvez m'appeler André. Vous voulez boire quelque chose ?

— Oui, je vais prendre un café.

André Gélu commande deux cafés.

— Racontez-moi tout ! dit-il, impatient.

Lola raconte : les escaliers de la gare Saint-Charles, le téléphone jeté à ses pieds, le regard et le sourire de l'inconnu, les deux hommes en noir… Puis le téléphone glissé dans son sac, la disparition du jeune homme emmené par les deux hommes. André Gélu écoute avec beaucoup d'attention.

— Hum ! Tout ça est bien mystérieux… et inquiétant.

— Oui, c'est vrai. Mais expliquez-moi : comment connaissez-vous Mathias ? Il est de votre famille ?

— Non. Mathias est mon professeur d'espagnol !

Lola est surprise :

— Votre professeur d'espagnol ? Vous préparez un voyage en Espagne ?

— Non, mais je veux pratiquer mon espagnol. C'est ma langue maternelle : je suis né en 1930 à Buenos Aires, d'une mère argentine et d'un père français. Aujourd'hui, je suis vieux et je vis à Marseille depuis 1950… mais je pense toujours à l'Argentine. Avec Mathias, qui est argentin, nous discutons en espagnol, nous allons au cinéma voir des films argentins, nous échangeons des livres… Comme ça, il gagne un peu d'argent et ça lui laisse du temps pour travailler son art.

— Il est artiste ? Qu'est-ce qu'il fait ? Il est musicien, peintre, photographe ?

— Mathias prend des photos ; après, il les peint. Justement, son téléphone va nous renseigner.

— Comment ?

— Nous allons regarder les dernières photos prises.

Lola trouve l'album photo du téléphone. Les photos sont très sombres mais elle reconnaît les deux hommes en noir.

— Regardez : les deux hommes de la gare !

— Intéressant. Mais ils ne sont pas à la gare sur cette photo.

— Non. Je crois que c'est le musée Cantini… Oui, regardez, il y a d'autres photos du musée.

— Eh bien, Lola, je vous propose une visite culturelle.

Au numéro 19 de la rue Grignan, devant le musée, il y a des policiers et des curieux. Lola s'inquiète : pourquoi la police ? Gélu observe les policiers. Soudain, il sourit et se dirige vers l'un d'eux :

— Bonjour, Fabien.

— Monsieur Gélu ! Qu'est-ce que vous faites ici ?

André prend le bras de Lola :

— On vient visiter le musée ! Mais toi, pourquoi est-ce que tu es là ? Qu'est-ce qui se passe ici ?

— Un vol : il manque un tableau. Le musée est fermé.

— Une autre fois pour la visite, alors. Au revoir, Fabien, à bientôt.

— À bientôt, monsieur Gélu, bonne journée.

Gélu tire Lola par le bras.

— Venez, on va se promener.

— Mais vous ne dites rien ? Il faut lui parler des photos.

— C'est trop tôt. Je ne veux pas prendre de risques pour Mathias. Il lui manque quelques papiers pour renouveler sa carte de séjour².

Lola hésite. Mais elle fait confiance à Gélu.

— Bon, réfléchissons, continue Gélu. Le matin du vol, Mathias est devant le musée. Il surprend les deux voleurs, il prend des photos. Les deux hommes le voient. Mathias s'enfuit, sans doute avec son scooter. Les hommes le suivent en voiture. Mathias arrive à la gare. Il vous lance le téléphone. Après, les deux hommes l'emmènent.

— Mais où ?

— Très bonne question. Cherchons !

Gélu a l'air de s'amuser. Lola le trouve un peu bizarre. Il devine ses pensées :

— Vous pensez : « Il est fou, ce retraité ! » Mais, vous savez, je suis un ancien détective et un détective n'est jamais vraiment à la retraite ! Si vous êtes d'accord, nous allons résoudre³ ensemble ce mystère.

— Et la police ?

— La police peut attendre un peu. Qu'est-ce que vous décidez ?

— Je cherche avec vous ! Et maintenant ?

— On va chez Mathias. Il est peut-être rentré. Allons vérifier.

Lola et Gélu retournent dans le quartier du Panier. Dans la montée des Accoules, Gélu frappe à la fenêtre du rez-de-chaussée. Un homme ouvre la fenêtre.

— Monsieur Gélu, encore vous ! Depuis hier soir, toujours pas de Mathias ni de scooter. Ne vous inquiétez pas, je vous appelle quand je le vois. Il est jeune, il est peut-être avec une jolie fille…

Lola rougit.

— Oh, pardon, mademoiselle ! Mathias est votre amoureux ?

Lola répond très vite.

— Non, pas du tout !

---

2 Carte de séjour : document permettant de rester sur le territoire français.

3 Résoudre : trouver la solution.

Gélu lui dit doucement :

— Venez, Lola, nous avons beaucoup à faire. Je vous propose de venir chez moi. Le repas doit être prêt. Ma femme est bonne cuisinière. Et, à la maison, j'ai un ordinateur. Nous devons agrandir les photos du téléphone. Il y a sûrement des indices[4]. Et nous pouvons faire des recherches sur Internet...

— Vous utilisez Internet à votre âge ?

Gélu éclate de rire. Lola le regarde. Cet homme est plein de vie et d'énergie.

— Il n'y a pas de limite d'âge pour Internet !

— Oui, pardon, vous avez raison.

— C'est normal, vous êtes jeune... Mais moi aussi, j'ai l'esprit jeune. Internet, pour un vieux fou curieux comme moi, c'est fantastique !

---

4 Indices : éléments, signes permettant de trouver la vérité.

CHAPITRE 4

LE TABLEAU

Dans un yacht[1], une petite femme aux cheveux longs et bruns ouvre une armoire. À l'intérieur, il y a plusieurs vêtements, tous à sa taille : une jupe et une veste classiques, un costume d'homme, une robe du soir, une mini-jupe et un tee-shirt court très coloré. Elle hésite. Elle sort de sa cabine. Mathias est toujours enfermé à l'arrière du bateau. Elle regarde par le hublot[2] et l'observe. Il est assis dans le fauteuil. Il dort peut-être. Elle sourit et retourne dans sa cabine. Elle choisit la jupe et la veste classiques. Elle s'assied devant son miroir, attache ses cheveux. Elle les cache sous une perruque[3] courte et blonde. Puis elle met des lunettes qui lui donnent un air très sérieux. Elle entre dans la cabine de Mathias et s'approche de lui en silence. Quand elle enlève le scotch de sa bouche, il pousse un cri.

— Aïe ! S'il vous plaît, de l'eau ! Donnez-moi à boire !

Elle lui donne un verre d'eau. Il boit très vite.

— Encore !

— Calme-toi ! Parlons un peu. J'aimerais faire connaissance…

— Faire connaissance ? Je vous connais déjà ! Vous êtes une voleuse et une kidnappeuse.

— Oh, là, là ! Les grands mots !

— Voler un tableau et me garder prisonnier, ce ne sont pas des mots, ce sont des faits ! Et, pour faire connaissance, il faut se voir. Moi, je ne vois rien.

— D'accord, ne bouge pas, j'enlève le bandeau de tes yeux.

---

1 Yacht : bateau de luxe.
2 Hublot : petite fenêtre ronde d'un bateau ou d'un avion.
3 Perruque : faux cheveux.

Mathias découvre une petite femme blonde. Elle est très mince. Son regard brille derrière ses lunettes et son sourire est moqueur[4]. Il y a quelque chose de bizarre, elle a l'air déguisée.

— Qu'est-ce que je fais ici ? Pourquoi est-ce que vous me gardez prisonnier sur ce bateau ?

— Tu le sais bien ! Tes photos… Tu te souviens ? Impossible de les retrouver. Tu vas gentiment me raconter toute l'histoire. Depuis le début. Je veux tous les détails.

Mathias raconte : sa passion pour l'art, ses études artistiques, son travail de peintre-photographe, sa recherche sur les lumières naturelles. Il parle de sa rencontre avec les deux hommes en noir devant le musée Cantini, de sa peur, de sa fuite[5]… Il ment sur un seul point : il dit que son téléphone est tombé pendant sa fuite en scooter. Il ne parle pas de la jeune fille. Puis il demande :

— Qu'est-ce que vous allez faire du tableau ?

La femme hésite, elle trouve Mathias plutôt sympathique.

— C'est pour un client. Il veut le tableau pour lui tout seul.

— Mais c'est très égoïste ! L'art appartient à tout le monde. Les musées sont là pour l'offrir à tous, les pauvres, les riches.

— Tu es un idéaliste. Un tableau appartient à son propriétaire. Le propriétaire est l'acheteur. Il paie, il possède.

— C'est injuste. Et tous les autres ? Le public ?

— C'est sans importance. Imagine que tu es un tableau. Qu'est-ce que tu préfères : des visiteurs de musée pressés et indifférents, ou un regard constant et amoureux de ton nouveau propriétaire ? Moi, je choisis la belle histoire d'amour !

Mathias est surpris. Cette femme a des idées intéressantes mais il n'est pas d'accord avec elle.

— Un tableau n'est pas un être humain !

Mathias sent la grande force de cette femme toute petite. Elle gagne. Il change de sujet.

---

4 Moqueur : amusé.
5 Fuite : action de s'enfuir.

— Qu'est-ce que vous voulez faire de moi ?

— J'ai un travail à te proposer. Voici le marché : ta liberté contre le maquillage du tableau.

— Je ne comprends pas.

— Je t'explique. Le vol du tableau est maintenant connu. Je te demande de peindre sur la toile pour la cacher.

— Peindre sur un tableau célèbre ?

— Ne t'inquiète pas ! C'est une technique très ancienne. Une fois en sécurité, j'efface ton travail et la toile apparaît. J'ai tout le matériel nécessaire.

— Je ne veux pas vous aider !

— Tu n'as pas vraiment le choix. Réfléchis : si tu deviens mon complice[6], tu n'es plus un danger pour moi. Si tu n'es plus un danger, je peux te libérer.

Mathias réfléchit vite : pour peindre, il a besoin de ses mains. Une fois détaché, il espère pouvoir s'échapper[7] et, peut-être, prendre le tableau avec lui.

— J'accepte. Mais vous devez me laisser seul avec le tableau.

— C'est impossible.

— Alors, je refuse.

— Je te laisse libre… de réfléchir ! Tu as faim, je pense. Si tu changes d'avis, je te donne à manger et à boire…

La femme sort de la cabine. Elle ferme la porte à clé.

Le jour se lève. Mathias a faim, très faim. Il a mal au ventre. Finalement, il appelle :

— D'accord ! Je suis d'accord ! Je peins !

Un homme d'équipage[8] grand et fort lui apporte un verre d'eau, du pain, du jambon, une pomme. Mathias montre ses mains attachées.

— Comment je fais, moi ?

Sans dire un mot, l'homme lui détache les mains et sort.

---

6 Complice : associé, personne qui participe à une action, à un crime.

7 S'échapper : partir, se libérer. Synonyme : s'évader.

8 Homme d'équipage : personnel à bord d'un bateau.

Mathias mange. Puis la femme revient avec la peinture, les pinceaux[9] et *Les Choristes* de Degas. L'homme d'équipage l'accompagne. Mathias regarde le tableau avec émotion.

— Au travail, jeune homme ! Montre ce que tu sais faire.

La femme sort de la cabine mais ne ferme pas la porte à clé. L'homme d'équipage reste à l'intérieur. Il est devant la porte, les bras croisés. Mathias attend une occasion pour s'évader. Il regarde l'homme : trop fort pour lui. Il faut trouver une idée. L'homme ne bouge pas. Il ressemble à une statue de pierre. Même son regard est fixe. Il ne regarde jamais Mathias. Mathias fait ses mélanges de peinture et d'eau. Doucement, sans faire de bruit, il déplace le tableau. Il s'approche de la porte. L'homme est toujours immobile. Mathias arrive près de lui et, très vite, lui jette dans les yeux le mélange de peinture. Puis il lui plante son pinceau dans le ventre. L'homme, surpris et aveuglé, se plie en deux. Mathias ouvre la porte et sort de la cabine avec le tableau ! Sur le pont, il y a des hommes d'équipage. Dans la cabine, l'homme se redresse et pousse un cri d'alerte. Mathias avance. Les hommes se rapprochent. Ils l'attrapent. La femme arrive vite. Elle reprend le tableau et elle éclate de rire.

— Alors, tu veux nous quitter ? Tu penses nager jusqu'à la côte avec le tableau ? C'est courageux mais impossible. Tu n'as aucune chance, tu m'entends ? Aucune chance de m'échapper.

Elle le regarde durement. Mathias fixe les yeux au sol. Il se sent ridicule. Elle ne crie pas, elle est toujours très calme.

— Et maintenant, est-ce que tu es prêt à travailler ?

— Oui, répond Mathias très doucement.

— Comment ? Répète.

Mathias lève les yeux. Il la regarde bien en face.

— Oui ! Vous êtes trop forte.

— Bien, je suis contente !

---

9 Pinceau : outil pour peindre.

CHAPITRE 5

NOÉ

L a place de l'Hôtel de Ville[1] se trouve dans le quartier du Panier. De là, on a une vue sur le Vieux-Port et sur les petits bateaux qui s'alignent le long des quais. Sur la place, des gens assis sur les bancs en pierre mangent des sandwichs. La mairie date de 1653. Elle est originale : pour aller au premier étage du bâtiment principal, il faut passer par un petit pont qui part d'un immeuble situé derrière la mairie. André et Lola prennent la rue de la Loge, juste derrière l'Hôtel de Ville. André habite un immeuble de l'architecte Pouillon, construit en 1950 après la destruction du quai pendant la Seconde Guerre mondiale. La femme d'André, Maïté, les reçoit gaiement. Elle leur sert à déjeuner des légumes farcis à[2] la viande. Mais Lola n'a pas très faim. Maïté s'inquiète :

— Vous n'aimez pas ?

— Si, c'est très bon, mais je pense à Mathias.

André aussi. Ils décident de se mettre au travail. Ils transfèrent les photos du téléphone de Mathias sur l'ordinateur. Lola connaît bien le logiciel de photos. Ainsi, ils arrivent à agrandir les photos des deux hommes et de la voiture. Ils les impriment.

— Bien ! dit Gélu. Grâce à ces photos, nous pouvons rendre visite à mon amie commissaire. Je l'appelle.

Rendez-vous pris, Lola et André quittent Maïté pour se rendre au commissariat de la Canebière. Ce commissariat est l'ancien Grand Hôtel de Noailles. Madame la commissaire, Catherine Roche, les reçoit dans son bureau. Elle parle à André avec affection.

---

1 Hôtel de Ville : mairie.
2 Farcis à : remplis de.

— Qu'est-ce que je peux faire pour vous, André ?

— Voilà : un bon ami à moi ne donne plus de nouvelles depuis 48 heures. Je suis très inquiet. Nous avons une photo de deux hommes bizarres prise avec son téléphone portable. Est-ce que je peux consulter vos fichiers ? Les deux hommes sont peut-être dedans.

— Vous pensez les trouver ? Donc vous les soupçonnez d'être des criminels… Laissez-moi les photos, je m'en occupe.

— C'est assez urgent et vous avez du travail… Laissez-nous faire. Nous ne voulons pas vous déranger plus longtemps.

— Écoutez, je n'ai pas le droit de faire ça, vous le savez bien !

— Catherine, s'il vous plaît. Mon ami est peut-être en danger, et vous n'avez pas le temps. Je vérifie et, s'il y a un problème, je vous le dis.

— Bon, c'est d'accord parce que vous êtes un très vieil ami…

— Nous recherchons aussi une voiture. Sans doute une voiture volée.

— Vous demandez beaucoup, André ! D'accord, mais soyez discrets[3].

La commissaire les laisse dans un petit bureau. Sur l'ordinateur, ils ont accès aux fichiers des criminels de la région et des voitures déclarées volées. Ils ne trouvent pas les hommes des photos. Lola est déçue. Mais une voiture correspond au modèle de la photo. Elle est déclarée volée depuis trois jours. Lola note l'adresse et le numéro de téléphone du propriétaire. Ils remercient la commissaire et se retrouvent dans la rue. Lola est découragée. Gélu l'attrape par le bras.

— Venez, allons boire quelque chose au Noailles, juste à côté.

Quand ils sont assis devant leur tasse de thé, Lola s'énerve :

— À quoi ça sert de connaître le propriétaire de la voiture ? Il ne sait rien, c'est certain !

— Mademoiselle, on ne sait jamais. D'abord, téléphonons à ce monsieur Cauvin.

— OK, allez-y !

André compose le numéro.

— Allô, monsieur Cauvin ? Bonjour, je vous appelle de la part du commissariat, au sujet de votre voiture volée. Vous avez des nouvelles ?…

---

3 Discrets : qui n'attirent pas l'attention, ne se font pas remarquer.

Non ? Et vous vous souvenez de quelque chose de particulier ?... Vous ne savez rien... Très bien. Merci. On vous rappelle si on trouve quelque chose. Au revoir, monsieur.

Gélu raccroche. Lola est anxieuse.

— Vous voyez bien : on n'est pas très avancés.

— Vous savez, on retrouve souvent les voitures volées brûlées[4]. J'ai une idée : j'ai un ami épaviste, Antonio, il peut nous aider.

— Épaviste ? Qu'est-ce que c'est ?

— Un épaviste récupère[5] les restes des voitures accidentées, brûlées, détruites. On lui amène toutes les voitures non réparables. Il récupère les éléments encore utilisables. Venez, nous allons chez Antonio, vous allez comprendre...

Pour une fois, André et Lola quittent le centre ville. Ils prennent la ligne 2 du métro, jusqu'à la station Bougainville. Puis le bus 25, jusqu'à la station Saint-Louis. Sur le trajet, Lola observe les longues rues sans commerces. Elle n'a plus l'impression d'être en ville. Il y a peu de monde dans les rues. Ici, on se déplace en voiture ou en transport en commun. Elle n'a pas de repères dans ces quartiers de la ville...

L'ami d'André, Antonio, est très content de voir André. Le jeune cousin d'Antonio, Noé, travaille sur une voiture accidentée. Antonio voit que Lola regarde les voitures cassées avec curiosité. Il demande à son cousin de lui faire visiter les lieux. Noé et Lola ont le même âge. Elle lui sourit. Il la trouve jolie. Il est content de s'arrêter un peu de travailler. Il la guide dans ce grand garage de voitures cassées. À un moment, il s'arrête devant une voiture :

— Qu'est-ce que tu imagines comme accident pour cette voiture ?

Lola n'a pas d'idée tout de suite. Elle essaie de trouver quelque chose à dire...

— Je ne sais pas, moi. Les freins[6] ne fonctionnent plus et la voiture rentre dans un arbre ?

---

4 Brûlées : détruites par le feu.
5 Récupérer : prendre, recueillir.
6 Freins : servent à stopper une voiture.

— Non, regarde bien. Tu vois les marques rouges ? Ce sont les traces d'une autre voiture. C'est un accident de face entre une voiture blanche et une voiture rouge !

— Bien joué ! Alors, tu aimes les mystères ?

— Oui. Et puis, un cimetière de voitures, c'est toujours un cimetière, c'est un peu triste. Alors, j'essaie de m'amuser un peu.

— Est-ce que vous avez des voitures brûlées ?

— Oui, beaucoup ! Suis-moi, je vais te montrer.

Ils vont dans un autre coin du garage. Là, Lola n'en croit pas ses yeux : il ne reste presque rien des voitures ! Il n'y a plus de pneus[7], plus de sièges… seulement un squelette métallique. C'est un triste spectacle.

— C'est impressionnant ! Comment ça arrive ?

— Ça peut être un accident : le réservoir explose, ça brûle très vite. Ou bien, c'est volontaire.

— Et pourquoi ?

— Le feu détruit tout ! Les voleurs de voiture, par exemple, préfèrent mettre le feu. Comme ça, ils sont sûrs de ne pas laisser d'indices.

— Dommage ! Nous, on cherche justement des indices. Tiens, regarde.

Lola sort de sa poche la photo de la voiture prise par Mathias. Noé regarde.

— Belle voiture ! Mais, désolé, nous n'avons pas ce modèle ici.

Lola lui montre aussi la photo des deux hommes.

— Ce sont sûrement les voleurs de cette voiture. Nous devons les retrouver.

— Attends… Leur tête me dit quelque chose, dit Noé. Laisse-moi réfléchir… Oui ! Je les vois parfois au bistrot[8] du Corse, pas loin d'ici.

Lola n'en croit pas ses oreilles !

— Tu es sûr ? On y va !

---

7 Pneus : protections autour des roues d'une voiture.
8 Bistrot : bar, café.

CHAPITRE 6

LES HOMMES EN NOIR

En début de soirée, à bord du yacht, la petite femme blonde regarde attentivement le travail de Mathias.

— Bravo ! Tu es doué[1], dit-elle, admirative.

Mathias se détend. C'est enfin terminé ! Il espère être bientôt libre et à terre.

— Oui, tu es très doué ! J'ai une proposition à te faire : viens avec moi, je pars aujourd'hui. Si tu acceptes, tu assures ton avenir. J'ai beaucoup de clients. Ton talent peut servir pour de nombreux travaux artistiques. Copier des œuvres, par exemple.

— Non merci ! C'est gentil mais je préfère continuer à vivre comme je veux.

— Je vois ! Je suis toujours la méchante voleuse et toi, le défenseur des œuvres d'art ! Eh bien, c'est ton choix ! Tu as rempli ton contrat et je tiens toujours mes promesses.

Elle s'adresse à un homme d'équipage :

— Ramenez-le à terre et laissez-le partir. Je te souhaite bonne chance, jeune homme. Qui sait ? Peut-être à bientôt !

Elle lui remet le bandeau sur les yeux et lui attache rapidement les mains. L'homme d'équipage l'emmène à terre avec le zodiac. Il le laisse sur la rive[2] et repart vers le yacht. Les mains de Mathias sont mal attachées : il se détache facilement. Il enlève son bandeau. C'est trop tard. Le yacht est loin et il commence à partir. Impossible de voir son nom ou son drapeau…

---

1 Doué : bon dans un domaine, talentueux.
2 Rive : bord de la mer.

Mathias commence à marcher au hasard. Il ne sait pas du tout où il se trouve.

À quelques kilomètres plus au nord, dans le garage d'Antonio, Noé arrête sa moto devant Lola. C'est une drôle de moto de toutes les couleurs.

— Je la fabrique petit à petit, avec du matériel récupéré. Elle est un peu étrange à regarder mais elle roule très bien.

— Tu as raison : il faut recycler ! Et puis, elle est surprenante mais jolie. Je préviens[3] André et Antonio et j'arrive.

Lola ressort vite du bureau d'Antonio.

— C'est d'accord ! On peut aller voir mais on ne doit pas intervenir : on revient leur raconter.

Ils roulent quelques minutes. Noé se gare devant un bistrot. Un peu plus loin, ils remarquent une grosse voiture.

— C'est notre jour de chance, dit Noé.

— On va voir ?

Ils s'approchent de la voiture. Ils comparent la plaque d'immatriculation[4] avec celle de la photo. Elle est différente… Mais Noé insiste :

— Peut-être qu'ils ont changé la plaque après le vol.

— Tu as raison ! Ils connaissent l'existence des photos, donc ils se méfient.

— Viens, allons voir à l'intérieur du bar.

Noé la prend par le bras. Ils entrent dans le bistrot. Personne ne fait attention à eux. Au bar, deux hommes parlent fort. Ils ont l'air contents d'eux. Ils rient, se tapent sur l'épaule. L'un d'eux offre à boire à tous les clients. Lola a peur : elle a reconnu les deux hommes en noir ! Le patron du bar leur demande :

— Qu'est-ce que vous voulez boire, les amoureux ?

---

3 Prévenir : avertir.

4 Plaque d'immatriculation : numéro d'identification à l'avant et à l'arrière d'une voiture.

Noé et Lola rougissent en même temps. Noé commande un pastis[5] et Lola un jus d'orange. Elle se tourne vers Noé et murmure[6] :

— Je les reconnais, j'en suis sûre ! On prévient André ?

— Non, on ne bouge pas. On risque de les perdre. On attend tranquillement et, quand ils partent, on les suit.

— D'accord. J'envoie un texto[7] à André pour le prévenir.

Le patron du bar discute avec les deux hommes.

— Vous avez l'air en forme ! Les affaires marchent bien ?

— On ne se plaint pas… L'art, ça paie bien !

— L'art ? Vous ne ressemblez pas à des artistes…

— On n'est pas des artistes. On est dans la vente d'œuvres d'art.

— Intéressant ! Allez, je vous offre un verre.

— Le dernier ! On a encore du travail.

Noé prend la main de Lola et se penche pour lui parler à l'oreille.

— Tu as entendu ? Ils vont bientôt partir. Je propose de sortir avant eux. On les attend dehors et on les suit.

— Bonne idée !

— Patron, combien on vous doit ?

— Aujourd'hui, c'est gratuit ! Votre jour de chance, les amoureux !

Ils remercient le patron et boivent leur verre d'un coup. Ils se lèvent et sortent. Un des hommes en noir les regarde. Lola sent la peur revenir. Est-ce qu'il se souvient d'elle à la gare ?

— Bonne soirée, les jeunes ! Soyez sages ! leur dit l'homme.

— Bonne soirée.

Lola respire. Noé démarre la moto. Ils s'éloignent un peu et se cachent dans une sortie de parking proche de la voiture noire. Ils n'attendent pas longtemps : les deux hommes sortent du bar. Ils se disent quelque chose mais Lola et Noé ne peuvent pas entendre. L'un des hommes se dirige vers une moto, l'autre entre dans la voiture noire. Noé dit à Lola :

— C'est bizarre !

---

5 Pastis : boisson alcoolisée à l'anis.

6 Murmurer : parler très bas.

7 Texto : SMS.

— Pourquoi ?

— Tu vas voir…

La voiture s'éloigne. Le deuxième homme la suit à moto. Noé attend encore un peu, puis ils suivent la moto. Noé fait très attention, les hommes ne doivent pas les repérer. Ils laissent les lumières de la ville derrière eux. Ils grimpent dans la campagne. La voiture tourne sur un chemin de terre. L'homme à moto se gare près de la route. Il suit le chemin à pied. Noé et Lola dépassent le chemin et s'arrêtent après le premier virage. Ils se baissent pour être discrets.

— Maintenant, on attend, dit Noé.

— On attend quoi ?

— Tu vas voir. Ça ne va pas être long…

Soudain, Lola voit le ciel devenir rouge. Dans les flammes, il y a la voiture ! Elle est en train de brûler ! Le spectacle est impressionnant, presque beau ! Elle voit aussi les deux hommes repartir à moto. Noé se relève :

— Allons-y ! C'est le moment de raconter tout ça à André et Antonio.

— On ne les suit plus ?

— Non. Il faut récupérer la voiture. Elle est à nous maintenant. On la transporte jusque chez Antonio et on la fait parler !

— Comment est-ce que tu veux faire parler une voiture brûlée ?

— Ces grosses voitures modernes ont toutes un GPS[8] prévu pour résister au feu. Il va nous dire d'où ils viennent !

De retour au garage, Lola et Noé retrouvent André et Antonio, toujours en train de discuter. Ils leur racontent leur aventure. Ils repartent tous avec la dépanneuse[9]. Sur place, le feu est presque éteint. Noé récupère le GPS. Il est en bon état. Ils vont le faire parler…

---

8 GPS (*Global Positioning System*) : appareil pour se localiser et trouver son chemin, qui fonctionne par satellite.

9 Dépanneuse : camion pour récupérer les voitures accidentées.

Épilogue

LIBRE

C'est la nuit. Il fait froid. Mathias marche depuis longtemps. Tout autour de lui, c'est la campagne. Derrière lui, la mer. Il croise une voiture. Il fait des signes au conducteur, qui ne s'arrête pas. Ce n'est pas grave : Mathias est tellement heureux d'être libre et en vie ! Il continue à marcher. Une autre voiture arrive dans l'autre sens. Cette fois, la voiture s'arrête près de lui. La conductrice est une femme blonde aux cheveux courts. Mathias croit reconnaître la voleuse et veut se cacher ! Il court. La conductrice et son passager descendent et courent après lui. « Non, ça ne va pas recommencer ! » pense Mathias. Puis il entend une voix bien connue, celle d'André Gélu :

— ¡Massías!

— André !

Ils se serrent dans les bras. Lola reste en arrière. Mathias se tourne vers elle :

— Je vous reconnais ! Vous êtes l'ange de la gare !

André intervient :

— Je te présente ta sauveuse : Lola.

Mathias est heureux et surpris :

— Mais… Comment est-ce que vous vous connaissez ? Et comment est-ce que vous m'avez retrouvé ?

— C'est une longue histoire, répond André, on va te raconter.

Lola s'approche.

— Tenez, j'ai votre téléphone, je vous le rends maintenant…

Mathias la prend dans ses bras.

— Je suis contente de vous connaître, dit-elle.

— Moi aussi ! C'est joli, « Lola »…

Activités

1 **Avez-vous bien compris ? Cochez la ou les bonne(s) réponse(s).**

1. La scène se passe :
- ☐ **a.** la nuit.
- ☐ **b.** un matin très tôt.
- ☐ **c.** un matin vers 10 heures.

2. Mathias est :
- ☐ **a.** photographe.
- ☐ **b.** peintre.
- ☐ **c.** détective.

3. Il photographie :
- ☐ **a.** l'intérieur du musée.
- ☐ **b.** le musée.
- ☐ **c.** deux hommes devant le musée.

4. Les deux hommes transportent :
- ☐ **a.** un objet.
- ☐ **b.** une valise.
- ☐ **c.** un sac en papier.

5. Quelle est la situation ?
- ☐ **a.** Un des deux hommes suit Mathias en scooter.
- ☐ **b.** Les deux hommes suivent Mathias en voiture.
- ☐ **c.** Mathias suit les deux hommes en scooter.

2 🔘 piste 1 → **Écoutez le début du prologue puis complétez le texte suivant.**

Mathias aime Marseille, ville .... (1). C'est la
.... (2) .... (3) de France et elle a
2 600 ans d'histoire. On l'appelle aussi la .... (4)
phocéenne. C'est aussi un .... (5) d'accueil et
d'immigration, situé au bord de la mer .... (6).
Mathias .... (7) Marseille depuis trois ans. Il fait des
photos de différents endroits de la .... (8). Les
habitants de Marseille s'appellent les .... (9).

3 **Associez chaque endroit à un nom.**

1. Une ville
2. Un hôtel particulier
3. Un port
4. Une gare
5. Une avenue

a. Saint-Charles
b. La Canebière
c. Le musée Cantini
d. Marseille

4 **Corrigez les cinq erreurs dans le texte suivant.**

Le musée est ouvert et tout est calme. Soudain, Mathias voit deux hommes sortir du musée par la porte principale. Ils sont habillés en noir et portent des lunettes de soleil et un chapeau. Mathias les photographie avec son appareil photo. Mais les deux hommes le voient. Mathias s'enfuit en scooter.

....

....

....

....

....

....

....

....

CHAPITRE 1

1 **Avez-vous bien compris ? Cochez vrai ou faux.**

	Vrai	Faux
1. Lola et le jeune homme se connaissent.	☐	☐
2. Le jeune homme et Mathias sont la même personne.	☐	☐
3. Le jeune homme veut donner son téléphone portable à Lola.	☐	☐
4. Il est emmené de force dans une voiture.	☐	☐
5. Lola habite à Aix-en-Provence.	☐	☐
6. Elle garde trois enfants.	☐	☐
7. Elle téléphone à la police.	☐	☐

2 🔘 piste 2 → **Réécoutez la totalité du chapitre et mettez dans l'ordre la journée de Lola.**

1. Elle ramène les enfants chez eux.
2. Elle suit des cours à l'université.
3. Elle rencontre un jeune homme devant la gare.
4. Elle demande de l'aide pour utiliser le téléphone portable.
5. Elle rentre chez elle.
6. Elle cherche des informations sur Internet.
7. Elle prend son téléphone portable.
8. Elle amène les enfants à l'école.
9. Elle prend le car pour Aix-en-Provence.
10. Elle appelle le dernier correspondant du jeune homme.

Le bon ordre est : ☐☐☐☐☐☐☐☐☐☐

3 Associez les répliques suivantes.

1. Est-ce que tu peux m'aider à l'allumer ?
2. Mathias ? Tout va bien ?
3. Tiens, j'ai réussi !
4. Qu'est-ce que tu vas faire maintenant ?
5. Où ? Quand ? Comment ?

a. Ce matin, à la gare...
   Par terre, dans les escaliers.
b. Je vais essayer.
c. Euh, bonjour, monsieur.
   Je m'appelle Lola.
d. Bravo !
e. Je vais appeler le dernier correspondant.

4 Devinettes : trouvez de quoi ou de qui il s'agit.

1. Elle a un escalier de cent trois marches :

....

2. Elle domine Marseille :

....

3. Les Marseillais l'appellent « la Bonne Mère » :

....

4. Les cars pour Aix-en-Provence partent de cet endroit :

....

5. Elles font partie du 7ᵉ arrondissement de Marseille :

....

6. Ce bâtiment est connu grâce à un roman d'Alexandre Dumas :

....

7. C'est le nom d'un poète marseillais du XIXe siècle :

....

5 **Associez chaque adjectif à son contraire.**

1. étrange	**a.** premier
2. déçu	**b.** allumé
3. intriguée	**c.** normal
4. énervée	**d.** content
5. dernier	**e.** indifférente
6. éteint	**f.** calme

6 **Classez les répliques suivantes dans le tableau.**

1. J'ai besoin d'aide.

2. Dis, Lola, je peux regarder des dessins animés ?

3. Est-ce que tu peux m'aider à l'allumer ?

4. Moi, je veux jouer aux jeux vidéo.

5. Vous ne voulez pas faire une partie de cartes ?

exprimer un désir	faire une suggestion	demander un service	demander la permission

CHAPITRE 2

1 🔘 piste 3 → **Écoutez le début du chapitre (jusqu'à « Il a faim et soif. ») et répondez.**

1. Où est Mathias ?

....

2. Comment s'appelle l'endroit ?

....

3. Que fait Mathias ?

....

....

2 **Avez-vous bien compris ? Cochez la ou les bonne(s) réponse(s).**

1. Les deux hommes veulent :
   ☐ a. tuer Mathias.
   ☐ b. retrouver le téléphone de Mathias.
   ☐ c. voler le portefeuille de Mathias.

2. Dans le coffre, Mathias :
   ☐ a. est inquiet.
   ☐ b. est calme.
   ☐ c. essaie de rester calme.

3. Les hommes pensent que le chef va être en colère parce que :
   ☐ a. ils sont en retard.
   ☐ b. ils n'ont pas l'objet avec eux.
   ☐ c. ils ont un prisonnier.

4. Le chef est :
   ☐ a. un homme.
   ☐ b. une femme.

5. *Les Choristes*, c'est :
   ☐ a. un film.
   ☐ b. un groupe de personnes.
   ☐ c. un tableau.

3 **Expliquez.**

1. Sur le bateau, l'un des hommes dit à Mathias : « Tu as envie de nourrir les poissons ? »
   Ça veut dire :
   ☐ a. Tu veux pêcher des poissons ?
   ☐ b. Tu veux donner à manger aux poissons ?
   ☐ c. Tu veux être la nourriture des poissons ?

2. L'un des hommes dit : « Mais je me demande... » Pourquoi ?
   Il pense que :
   ☐ a. il faut tuer Mathias.
   ☐ b. il faut cacher Mathias.
   ☐ c. il faut libérer Mathias.

3. Le chef dit aux deux hommes : « Je ne veux plus entendre parler de vous. »
   Ça veut dire :
   ☐ a. Je ne veux plus vous parler.
   ☐ b. Je ne veux plus vous écouter.
   ☐ c. Je ne veux plus entendre des choses sur vous.

4 Barrez l'intrus.

1. le bateau – les vagues – le sentier – la côte – la mer
2. le coffre – la voiture – le scooter – le zodiac
3. le tableau – le musée – l'exposition – le téléphone
4. les yeux – la respiration – les jambes – la tête – la bouche

5 Complétez les phrases avec une des expressions de lieu suivantes : *sur, dans, autour de, devant, à la sortie, au bord de, au, loin de, à bord de.*

1. La voiture est garée .... la route.
2. Mathias est enfermé .... le coffre d'une voiture.
3. Il a un bandeau .... la bouche.
4. Il se souvient des deux hommes .... le musée.
5. Il n'a pas le temps de regarder .... lui.
6. Il monte .... un bateau.
7. Il colle son oreille .... mur.
8. Il a des photos des deux hommes .... son téléphone portable, ... du musée.
9. Un homme propose de cacher Mathias .... Marseille.

CHAPITRE 3

1 Avez-vous bien compris ? Cochez la bonne réponse.

1. Le samedi, Lola :
   - ☐ **a.** va à l'université.
   - ☐ **b.** est libre.
   - ☐ **c.** va à Aix-en-Provence.

2. Lola :
   - ☐ **a.** veut appeler André Gélu.
   - ☐ **b.** appelle d'autres contacts de Mathias.
   - ☐ **c.** reçoit un appel d'André Gélu.

3. André Gélu s'excuse parce que :
   - ☐ **a.** il appelle tôt.
   - ☐ **b.** il est inquiet.
   - ☐ **c.** Mathias n'est pas chez lui.

2 🔘 piste 4 → **Écoutez le passage correspondant puis complétez le texte suivant.**

Lola .... (1) la Canebière. La Canebière est une célèbre avenue de Marseille qui descend .... (2) le Vieux-Port. Lola prend .... (3) la rue de la République, puis .... (4) la Grand' Rue. .... (5) l'Hôtel-Dieu, elle .... (6) .... (7) le café Marius.

3 **Associez les questions de sens équivalent.**

1. Où est né André ?

2. Quand est né André ?

3. Que fait Mathias dans la vie ?

4. Que pense Lola d'André ?

a. Quelle est l'année de naissance d'André ?

b. Quelles sont les impressions de Lola au sujet d'André ?

c. Quelle est la profession de Mathias ?

d. Quel est le lieu de naissance d'André ?

4 **Répondez aux quatre questions de l'activité 3.**

1. ....

2. ....

3. ....

4. ....

....

5 **Reconstituez les cinq phrases. Respectez la chronologie de l'histoire. (On peut utiliser les étiquettes deux fois.)**

| André et Lola | du téléphone portable | vont | trouvent |

| au musée Cantini | les photos | Lola | reconnaît | ils |

| les hommes en noir | Fabien | rencontrent | André | chez |

1. ....

2. ....

3. ....

4. ....

5. ....

6 **Cochez vrai ou faux.**

	Vrai	Faux
1. « Massalia » est l'ancien nom de Marseille.	☐	☐
2. Lola et André ont rendez-vous dans le 3e arrondissement.	☐	☐
3. Mathias est espagnol.	☐	☐
4. André est un détective à la retraite.	☐	☐
5. Mathias habite dans le quartier du Panier.	☐	☐

CHAPITRE 4

1 **Avez-vous bien compris ? Cochez la ou les bonne(s) réponse(s).**

1. La femme :
   - ☐ **a.** est blonde.
   - ☐ **b.** porte une perruque blonde.
   - ☐ **c.** est brune.

2. Le tableau est :
   - ☐ **a.** pour un client de la femme.
   - ☐ **b.** pour la femme.
   - ☐ **c.** pour les deux hommes en noir.

3. Si Mathias accepte, la femme lui promet :
   - ☐ **a.** de la nourriture.
   - ☐ **b.** de l'argent.
   - ☐ **c.** sa libération.

4. Mathias :
   - ☐ **a.** accepte le marché.
   - ☐ **b.** refuse puis accepte le marché.
   - ☐ **c.** accepte puis refuse le marché.

5. Mathias :
- ☐ **a.** arrive à s'échapper.
- ☐ **b.** veut s'échapper.
- ☐ **c.** essaie de s'échapper.

2 Complétez avec *un*, *une* ou *des*.

1. .... cri

2. .... armoire

3. .... voleuse

4. .... yeux

5. .... tableau

6. .... travail

7. .... lunettes

8. .... statue

9. .... porte

10. .... bateau

3 🖸 piste 5 → **Écoutez le passage correspondant puis remettez le dialogue dans l'ordre.**

1. C'est impossible.

2. Je ne veux pas vous aider !

3. Peindre sur un tableau célèbre ?

4. Tu n'as pas vraiment le choix.

5. Je ne comprends pas.

6. Qu'est-ce que vous voulez faire de moi ?

7. Ne t'inquiète pas !

8. J'accepte.

9. J'ai un travail à te proposer.

10. Je t'explique.

Le bon ordre est : ☐☐☐☐☐☐☐☐☐☐

4 Cochez vrai ou faux.

	Vrai	Faux
1. La femme porte une veste et un pantalon classiques.	☐	☐
2. Mathias a faim et soif.	☐	☐
3. Il ne dit pas toute la vérité à la femme.	☐	☐
4. Il reste seul avec le tableau.	☐	☐
5. L'homme d'équipage regarde souvent Mathias.	☐	☐
6. L'homme d'équipage ne bouge pas.	☐	☐

5 **Associez chaque adjectif à son contraire.**

1. classique
2. naturel(le)
3. égoïste
4. injuste
5. ancien(ne)
6. impossible
7. fort
8. calme

a. juste
b. faible
c. possible
d. nerveux(euse)
e. généreux(euse)
f. artificiel(le)
g. original(e)
h. nouveau(elle)

CHAPITRE 5

1 **Où vont Lola et André ? Complétez les phrases en respectant l'ordre chronologique du récit.**

D'abord, Lola et André vont manger .... (1).

Ensuite, ils vont .... (2).

Puis ils vont .... (3). Après, ils

rendent visite à .... (4).

Enfin, Lola va .... (5) avec Noé.

2 piste 6 → **Écoutez le début du chapitre 5 et complétez avec les verbes au présent.**

La place de l'Hôtel de Ville .... (1) dans

le quartier du Panier. De là, on .... (2) une vue sur le

Vieux-Port et sur les petits bateaux qui .... (3)

le long des quais. Sur la place, des gens assis sur les bancs en

pierre .... (4) des sandwichs. La mairie

.... (5) de 1653. Elle .... (6) originale : pour

aller au premier étage du bâtiment principal, il .... (7)

passer par un petit pont qui .... (8) d'un immeuble

situé derrière la mairie.

3 Avez-vous bien compris ? Cochez vrai ou faux.

	Vrai	Faux
1. André et Lola impriment les photos.	☐	☐
2. André connaît bien la commissaire.	☐	☐
3. Les deux hommes sont dans les fichiers de la police.	☐	☐
4. Noé est le fils d'Antonio.	☐	☐
5. Ils retrouvent la voiture volée dans le garage.	☐	☐
6. Noé peut aider Lola.	☐	☐

4 Mettez les phrases de l'activité 3 à la forme négative.

1. ....

2. ....

3. ....

4. ....

5. ....

6. ....

CHAPITRE 6

1 🎵 piste 7 → Avez-vous bien compris ? Écoutez le début du chapitre 6 et barrez les informations fausses.

La petite femme blonde regarde le travail de Mathias. Elle ne le trouve pas bon. Mathias veut partir avec elle. Elle tient ses promesses : il est libre. Mathias retourne à terre seul. C'est le soir. Ses mains sont bien attachées. Il enlève son bandeau. Il peut voir le nom du yacht. Il commence à marcher au hasard.

2 Associez les éléments.

1. La plaque d'immatriculation	**a.** devient rouge.
2. Lola	**b.** discutent toujours.
3. Lola et Noé	**c.** est en bon état.
4. Noé	**d.** brûle.
5. Le ciel	**e.** est différente.
6. La voiture	**f.** suit la moto.
7. Le GPS	**g.** reconnaît les deux hommes.
8. André et Antonio	**h.** suivent les deux hommes.

3 **Donnez le contraire des mots suivants.**

1. Le contraire de « rester » : ....

2. Le contraire de « payant » : ....

3. Le contraire de « accepter » : ....

4. Le contraire de « lentement » : ....

5. Le contraire de « continuer » : ....

6. Le contraire de « entrer » : ....

7. Le contraire de « construire » : ....

8. Le contraire de « allumé » : ....

4 **Trouvez les contraires de l'activité 3 cachés dans la grille ci-dessous.**

P	Q	A	S	Z	Y	X	V	J	P
Z	M	E	J	F	P	Y	Z	V	A
T	N	E	M	E	D	I	P	A	R
I	N	L	R	J	A	T	P	E	T
U	N	I	X	I	E	J	S	J	I
T	L	Y	E	I	U	U	V	C	R
A	W	F	Q	T	F	R	O	G	Z
R	T	H	A	E	E	B	T	Q	O
G	A	R	R	E	T	E	R	E	R
R	I	T	R	O	S	A	J	Q	D

ÉPILOGUE

1 **Cochez vrai, faux ou on ne sait pas.**

	Vrai	Faux	On ne sait pas
1. Mathias marche depuis trois heures.	☐	☐	☐
2. La deuxième voiture s'arrête.	☐	☐	☐
3. C'est Lola qui conduit.	☐	☐	☐
4. André raconte toute l'histoire à Mathias.	☐	☐	☐
5. Mathias reprend son téléphone.	☐	☐	☐

2 **Donnez le féminin des noms et adjectifs suivants.**

1. un voleur → une ....

2. un conducteur → une ....

3. un passager → une ....

4. surpris → ....

5. long → ....

6. heureux → ....

7. libre → ....

3 **Lola raconte son aventure. Complétez librement.**

Vendredi matin, un jeune homme me lance ....
.... (1) puis disparaît entre deux hommes
en noir. J'appelle .... (2) :
c'est André Gélu, ...
.... (3). Le téléphone appartient à Mathias, ...
.... (4). Grâce aux ....
.... (5), nous suivons la piste du
musée Cantini. La police est là : .... (6)
manque. Dans le téléphone, nous avons aussi une photo ....
.... (7) et de ....
.... (8). Les amis d'André,
.... (9) et ....
.... (10), nous aident. Noé,
le cousin d'Antonio, reconnaît ....
.... (11) sur la photo. Nous allons dans ....
.... (12). C'est notre jour de chance : les deux hommes
.... (13) ! Ils sortent
du bar et nous les suivons. Ils brûlent ....
.... (14). Heureusement, ...
.... (15) et il nous indique la route de Morgiou.
Finalement, ... (16).

1 **Observez la carte de Provence et répondez.**

1. Quels sont les deux grands ports provençaux ?

....

2. Est-ce que la ville de Cannes est en Provence ?

....

3. Quelles grandes montagnes peut-on voir en Provence ?

....

4. Quel fleuve coule en Provence ?

....

5. Quels animaux trouve-t-on en Camargue ?

....

6. Quel mont provençal est une étape du Tour de France ?

....

La Provence, bordée par la mer Méditerranée, se trouve au sud de la France. Elle fait partie de la région PACA. Le mistral souffle cent jours par an. Les étés sont chauds et les hivers doux. En été, on entend chanter les cigales. On sent souvent le parfum de la fleur de lavande. La Provence a inspiré beaucoup de peintres, comme Cézanne et Van Gogh, et beaucoup d'écrivains, comme Jean Giono et Marcel Pagnol, deux auteurs provençaux. Les parcs du Verdon, du Luberon et de Camargue sont trois grands parcs naturels.

Il y a de nombreuses spécialités provençales. Par exemple, la ratatouille, un mélange de légumes cuits (tomates, oignons, courgettes, aubergines…). La Provence produit de l'huile d'olive. Le savon de Marseille traditionnel est à base d'huile d'olive. La bouillabaisse est un plat traditionnel marseillais de poisson. Le footballeur Zinedine Zidane, né à Marseille de parents algériens, représente bien la ville. C'est un grand supporter de l'OM.

La Provence est une région très touristique. Aix-en-Provence est célèbre pour son festival d'opéra et de musique classique, Avignon pour son festival de théâtre. À Arles, on trouve les vestiges d'un théâtre antique et d'arènes romaines.

2 **Lisez le texte et cochez vrai ou faux.**   Vrai   Faux

1. En Provence, les hivers sont froids. ☐ ☐
2. Il y a beaucoup de vent. ☐ ☐
3. La lavande est un plat traditionnel provençal. ☐ ☐
4. Le festival d'Avignon est un festival de musique. ☐ ☐
5. Il n'y a pas de poisson dans la ratatouille. ☐ ☐
6. La Provence est peuplée depuis l'Antiquité. ☐ ☐
7. La cigale est un oiseau. ☐ ☐

3 **Devinez. Aidez-vous de la carte et du texte sur la Provence.**

1. Qu'est-ce qui se cache derrière les lettres de la région PACA ?

P.............................-A....................-C...................... d'A......................

2. Qu'est-ce que l'OM ?

....

3. Quelle ville provençale près du Rhône est célèbre pour son pont et son Palais des Papes ?

....

CORRIGÉS

PROLOGUE

1 1b – 2a et b – 3b et c – 4a – 5b **2** 1 soleil – 2 deuxième – 3 ville – 4 Cité – 5 port – 6 Méditerranée – 7 habite – 8 ville – 9 marseillais. **3** 1d – 2c – 3d – 4a – 5b **4** Le musée est **fermé** et tout est calme. Soudain, Mathias voit deux hommes sortir du musée par **une petite porte**. Ils sont habillés en noir et portent des lunettes de soleil. **Ils n'ont pas de chapeau.** Mathias les photographie avec son **téléphone portable**. Mais **un des deux hommes le voit.** Mathias s'enfuit en scooter.

CHAPITRE 1

1 1 Faux : ils se voient pour la première fois. – 2 Vrai – 3 Vrai – 4 Vrai – 5 Faux : elle habite à Marseille. – 6 Vrai – 7 Faux : elle téléphone au dernier correspondant du jeune homme. **2** 3 – 7 – 9 – 8 – 2 – 1 – 4 – 5 – 10 – 6 **3** 1b – 2c – 3d – 4e – 5a **4** 1 la gare Saint-Charles – 2 la basilique Notre-Dame-de-la-Garde – 3 la statue de la Vierge à l'enfant – 4 la gare routière – 5 les îles du Frioul – 6 le château d'If – 7 Gélu **5** 1c – 2d – 3e – 4f – 5a – 6b **6** exprimer un désir : 4 – faire une suggestion : 5 – demander un service : 1 et 3 – demander la permission : 2

CHAPITRE 2

1 1 Il est dans le coffre d'une voiture. – 2 La route de Morgiou – 3 Il essaie de se libérer, il pousse sur la porte du coffre, il dort. **2** 1b – 2a et c – 3c – 4b – 5c **3** 1c – 2b – 3c **4** 1 le sentier – 2 le coffre – 3 le téléphone – 4 la respiration **5** 1 au bord de – 2 dans – 3 sur – 4 devant – 5 autour de – 6 à bord d' – 7 au – 8 sur, à la sortie – 9 loin de

CHAPITRE 3

1 1b – 2 – 3a **2** 1 descend – 2 vers – 3 à droite – 4 à gauche – 5 En face de – 6 s'arrête – 7 devant **3** 1d – 2a – 3c – 4b **4** 1 André est né en Argentine, à Buenos Aires. – 2 André est né en 1930. – 3 Mathias est peintre et photographe. – 4 Lola trouve André sympathique. Puis elle le trouve un peu bizarre. Ensuite, elle pense qu'il est plein de vie et d'énergie. **5** 1 André et Lola trouvent les photos du téléphone portable. – 2 Lola reconnaît les hommes en noir. – 3 André et Lola vont au musée Cantini. – 4 Ils rencontrent Fabien. – 5 Ils vont chez André. **6** 1 Vrai – 2 Faux : Lola et André ont rendez-vous dans le 2ᵉ arrondissement. – 3 Faux : Mathias est argentin. – 4 Vrai – 5 Vrai

CHAPITRE 4

1 1b et c – 2a – 3a et c – 4b – 5b et c **2** 1 un – 2 une – 3 une – 4 des – 5 un – 6 un – 7 des – 8 une – 9 une – 10 un **3** 6 – 9 – 5 – 10 – 3 – 7 – 2 – 4 – 8 – 1 **4** 1 Faux : elle porte une veste et une jupe classiques. – 2 Vrai – 3 Vrai : il ne parle pas de la jeune fille. – 4 Faux : l'homme d'équipage reste dans la cabine. – 5 Faux : l'homme ne regarde jamais Mathias. – 6 Vrai **5** 1g – 2f – 3e – 4a – 5h – 6c – 7b – 8d

CHAPITRE 5

1 1 chez André – 2 au commissariat de la Canebière – 3 au Noailles / au café – 4 Antonio, un ami d'André – 5 au bistrot du Corse **2** 1 se trouve – 2 a – 3 s'alignent – 4 mangent – 5 date – 6 est – 7 faut – 8 part **3** 1 Vrai – 2 Vrai – 3 Faux – 4 Faux : c'est son jeune cousin. – 5 Faux – 6 Vrai **4** 1 André et Lola n'impriment pas les photos. – 2 André ne connaît pas bien la commissaire. – 3 Les deux hommes ne sont pas dans les fichiers de la police. – 4 Noé n'est pas le fils d'Antonio. – 5 Ils ne retrouvent pas la voiture volée dans le garage. – 6 Noé ne peut pas aider Lola.

CHAPITRE 6

1 La petite femme blonde regarde le travail de Mathias. ~~Elle ne le trouve pas bon.~~ **Elle le trouve bon.** ~~Mathias veut partir avec elle.~~ **Il ne veut pas partir avec elle.** Elle tient ses promesses : il est libre. Mathias retourne à terre ~~seul~~ **avec un homme d'équipage.** C'est le soir. ~~Ses mains sont bien attachées.~~ **Elles ne sont pas bien attachées.** Il enlève son bandeau. ~~Il peut voir le nom du yacht.~~ **Il ne peut pas le voir.** Il commence à marcher au hasard. **2** 1e – 2g – 3h – 4f – 5a – 6d – 7c – 8b **3** 1 partir – 2 gratuit – 3 refuser – 4 rapidement – 5 arrêter – 6 sortir – 7 détruire – 8 éteint

4

P	Q	A	S	Z	Y	X	V	J	P
Z	M	E	J	F	P	Y	Z	V	A
T	N	E	M	E	D	I	P	A	R
I	N	L	R	J	A	T	P	E	T
U	N	I	X	I	E	J	S	J	I
T	L	Y	E	I	U	U	V	C	R
A	W	F	Q	T	F	R	O	G	Z
R	T	H	A	E	E	B	T	Q	O
G	A	R	R	E	T	E	R	E	R
R	I	T	R	O	S	A	J	Q	D

ÉPILOGUE

1 1 On ne sait pas : il marche depuis longtemps. – 2 Vrai – 3 Vrai – 4 Faux : il va raconter l'histoire à Mathias. – 5 On ne sait pas : Lola tend le téléphone et Mathias la prend dans ses bras. **2** 1 une voleuse – 2 une conductrice – 3 une passagère – 4 surprise – 5 longue – 6 heureuse – 7 libre **3** 1 son téléphone portable – 2 le dernier correspondant – 3 un détective à la retraite de 80 ans – 4 (qui est) son jeune professeur d'espagnol / un jeune homme argentin – 5 photos du téléphone – 6 un tableau – 7 des voleurs/des deux hommes en noir – 8 la/leur voiture – 9 Catherine Roche (, qui est commissaire de police) – 10 Antonio (, qui est épaviste) – 11 les hommes en noir – 12 un bistrot corse – 13 boivent un verre au bar / sont au bar – 14 la voiture – 15 le GPS est en bon état – 16 nous retrouvons Mathias

FICHE

1 1 Marseille et Toulon – 2 Non. Cannes est sur la Côte d'Azur. – 3 Les Alpes – 4 Le Rhône – 5 Des chevaux et des taureaux – 6 le mont Ventoux **2** 1 Faux : les hivers sont doux. – 2 Vrai : le mistral souffle cent jours par an. – 3 Faux : c'est une plante et une fleur. – 4 Faux : c'est un festival de théâtre. – 5 Vrai – 6 Vrai – 7 Faux : c'est un insecte. **3** 1 Provence-Alpes-Côte d'Azur – 2 L'Olympique de Marseille est le club de football marseillais. – 3 Avignon

Imprimé en France en janvier 2022
par l'Imprimerie CHIRAT - 42540 Saint-Just-la-Pendue - N° 202110.0223
Dépôt légal : Janvier 2011 - Édition 12 - 15/5738/8